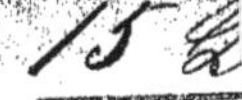

Vente des Lundi 15, Mardi 16 et Mercredi 17 Décembre 1890

HOTEL DROUOT, SALLES N°s 8 ET 9

à 2 heures 1/4

BEAU

MOBILIER ARTISTIQUE

Tentures. Tapisseries. Tapis

RICHES BIJOUX

OBJETS D'ART, MARBRES, BRONZES

TABLEAUX, MINIATURES

Me G. BOULLAND
COMMISSAIRE-PRISEUR
26, rue des Petits-Champs, 26.

M. A. BLOCHE
EXPERT PRÈS LA COUR D'APPEL
25, rue de Châteaudun, 25.

EXPOSITION PUBLIQUE

LE DIMANCHE 14 DÉCEMBRE 1890

De 2 heures à 6 heures.

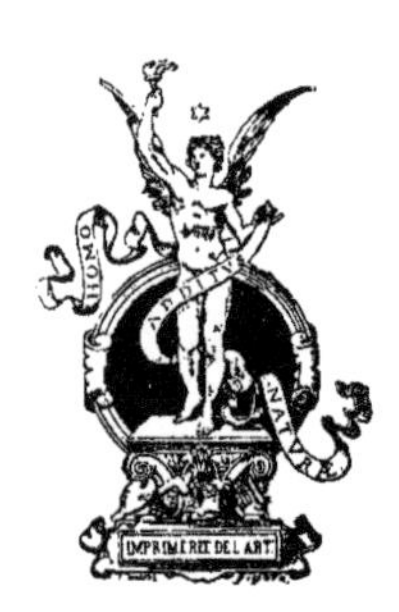
HOMO
ADDITVS
NATVRE
IMPRIMERIE DE L'ART

CATALOGUE

D'UN BEAU

MOBILIER ARTISTIQUE

DES STYLES GOTHIQUE, RENAISSANCE

LOUIS XIV, LOUIS XV ET LOUIS XVI

Grands Salons en broderie, en tapisserie et en brocart
Boudoir en soierie brochée, Salle à manger en bois sculpté
Cabinet de travail, Chambres à coucher, Vestibule, Antichambres

Pianos d'Érard et de Baudet

Meubles en vernis Martin et ornés de bronzes
Autres anciens

OBJETS D'ART, MARBRES

ŒUVRES DE SCULPTURES INSPIRÉES DU DIX-HUITIÈME SIÈCLE

Porcelaines montées à rocailles
Miniatures, Tableaux décoratifs, Dessus de portes

RICHES BIJOUX

Orfèvrerie, Bronzes de Barbedienne

Belles Tentures, Tapisseries, Tapis

DONT LA VENTE AURA LIEU

HOTEL DROUOT, SALLES Nos 8 & 9

Les Lundi 15, Mardi 16 et Mercredi 17 Décembre 1890

à deux heures et quart

Par le Ministère de Me **G. BOULLAND,** commissaire-priseur
26, rue des Petits-Champs, 26

Assisté de **M. A. BLOCHE**, expert près la Cour d'appel
25, rue de Châteaudun, 25

Chez lesquels se trouve le Catalogue.

EXPOSITION PUBLIQUE

Le Dimanche 14 Décembre 1890, de 2 heures à 6 heures

CONDITIONS DE LA VENTE

La vente sera faite au comptant.

Les Acquéreurs paieront, en sus des adjudications, *cinq pour cent* applicables aux frais.

L'Exposition mettant le public à même de se rendre compte de l'état des objets, il ne sera admis aucune réclamation une fois l'adjudication prononcée.

Paris. — Imprimerie de l'Art, E. Ménard et Cie, 41, rue de la Victoire.

DÉSIGNATION DES OBJETS

MOBILIER

1 — Très bel ameublement de salon, grand style Louis XIV, composé d'un canapé, deux fauteuils, deux chaises, forme à hauts dossiers, sièges carrés en bois sculpté et doré, bras à volutes, piètements à pilastres avec traverses, recouvert en lampas de soie crème orné d'élégantes broderies; dessin inspiré de Bérain, à rinceaux, guirlandes, mascarons, oiseaux et corbeilles de fleurs.

2 — Grand canapé et deux chaises de même forme que les précédents, en bois sculpté et doré, couverts en brocart fond crème, à gerbes de fleurs avec pourtour brodé à fleurs. Style Louis XIV.

3 — Deux superbes décorations de fenêtres compo-

sées chacune d'un grand rideau relevé à l'italienne en damas de soie bleu turquoise, couvert de riches broderies, dessin arabesques de gerbes de fleurs, d'un autre rideau et d'une draperie formant bonne grâce, en peluche beige garnie de franges et de passementeries assorties, doublés en soierie rose, avec glands et embrasses. — Haut, 4 mètres.

4 — Très belle vitrine à deux portes, décor vernis Martin, fond or, côtés cintrés à sujets allégoriques : *l'Hiver* et *l'Été*, garni de bronzes ciselés et dorés; dessus en marbre brèche d'Alep suivant les contours du meuble, style Louis XV, intérieur gainé en peluche.

5 — Jolie petite vitrine, décor vernis Martin, garnie de bronzes. Même style.

6 — Console décor vernis Martin, à rocailles et branchages fleuris, avec piétements à contours supportés par des griffes de lion et volutes ; montants à cariatides de femmes inspirées de Bérain ; dessus en marbre brèche.

7 — Très joli paravent à deux feuilles, orné d'un panneau en broderies de soie, dessin à corbeille de fruits, jets d'eau, draperies, personnages et animaux ; dessin de Bérain sur fond de satin bouton d'or.

8 — **Orgue d'Alexandre en bois noir.**

9 — **Piano à queue d'Érard en bois noir.**

10 — Dessus de piano en soie jaune, brodé à fleurs et entrelacs, travail ancien, encadré de peluche ciselée.

11 — Très joli petit canapé à gondoles en bois sculpté et doré, orné d'une tête de chérubin, d'une cariatide de bélier et d'une corne d'abondance; dossier foncé de canne dorée; couvert en soie rose brochée à fleurs au cannetillé. Style Louis XVI.

12 — Très jolie marquise en bois finement sculpté et doré, accotoirs se terminant en consoles, à têtes d'anges, fond canné et doré : milieu du dossier garni comme le siège de soierie rose brochée à fleurs au cannetillé. Style Louis XVI.

13 — Chaise en noyer très finement sculpté.

14 — Petite marquise en bois finement sculpté et doré, forme Louis XVI, couverte en satin bleu turquoise, ornée de broderies à fleurs.

15 — Bel ameublement de salon composé d'un grand canapé, deux fauteuils, deux chaises en bois sculpté Louis XIV, dessins à coquilles et volutes dorés aux tons mats et polis, couvert en tapisserie

d'Aubusson d'une grande finesse, représentant aux dossiers des scènes à petits personnages et sur les sièges des sujets à animaux, allégories aux fables de La Fontaine, encadrés de rinceaux et de coquilles se détachant sur fond rouge.

16 — Quatre chaises de même style en bois sculpté et doré, avec dessus en tapisserie d'Aubusson, à petits personnages, sujets allégoriques aux fables de La Fontaine.

17 — Trois décorations de fenêtres, composées chacune de deux grands rideaux et deux lambrequins en tapisserie d'Aubusson, à vases de fleurs, rinceaux fleuris, mascarons et écussons, dessin d'après Bérain sur fond blanc, encadrement fond rouge avec galeries en bois doré, ornées de mascarons et de guirlandes de fleurs. Style Louis XIV.

18 — Jolie table de milieu en bois sculpté et doré, piètements à ornements avec croisillon, époque Louis XIV; dessus en marbre.

19 — Grande et belle table en bois sculpté et doré, piètement à cariatides de femmes et de dragons ailés avec croisillon à grands ornements, coquilles et jetées de fleurs: dessus en marbre onyx d'Algérie, avec moulures suivant les contours du meuble. Style Louis XIV.

20 — Belle console en bois doré et sculpté, même style que la table.

21 — Piano à cordes obliques de Baudet, en bois noir ciré, avec appliques à deux lumières, en bronze poli, ornées de cariatides de femmes ailées.

22 — Paravent triptyque en ancienne broderie d'or, d'argent et de soie, représentant une allégorie : l'Adoration de l'Enfant Jésus, des médaillons à figures, avec encadrements à ornements sur fond de peluche violette.

23 — Joli bureau à dos d'âne en bois de rose, avec médaillons vernis Martin, à sujets champêtres d'après Boucher, garni de bronzes dorés. Style Louis XV.

24 — Joli chiffonnier en laque de Coromandel, fond jaune, décor en relief à figures et paysages en polychrome ; dessus en marbre rouge.

25 — Grande bibliothèque en acajou. Style Louis XVI.

26 — Bel ameublement de salon, style Louis XIV, composé d'un canapé, quatre fauteuils et quatre chaises forme à hauts dossiers et sièges carrés, en bois sculpté rehaussé d'or par parties, couvert

en drap vieux rose orné de broderie dit point de Gobelin, dessins à corbeilles de fleurs, encadrements à rinceaux feuillagés, revers gainé de peluche assortie.

27 — Douze belles portières en velours rouge chaudron, ornées de bandes en tapisserie d'Aubusson très fine ; dessins à guirlandes de fleurs et rocailles sur deux côtés, garnies de franges en passementeries assorties. — Haut., 4 m. 30 cent.

28 — Très beau panneau en ancienne tapisserie de Bruxelles, représentant un épisode des batailles d'Alexandre ; composition de nombreux personnages, avec encadrement en broderie sur fond blanc, et garnie dans le bas d'un bandeau en broderie sur fond noir. Époque Louis XIII.

29 — Nombreux coussins en satin, velours, brocart et peluche brodée. (Sera divisé.)

30 — Paravent à quatre feuilles en noyer sculpté, dessins rocaille et têtes fantastiques ; le bas garni de brocart fond blanc à fleurs, le haut garni de glaces biseautées et le revers garni de satin rouge. Style Louis XV.

31 — Beau meuble d'appui à côtés cintrés, s'ouvrant à trois portes en bois d'acajou, garni de bronzes

ciselés et dorés, avec dessus en marbre blanc. Style Louis XVI.

32 — Petit bureau de dame en acajou garni de cuivre. Le corps du haut avec glaces biseautées en retrait, et un coffret à bijoux devant, formant petit chiffonnier à quatre rangées de tiroirs de chaque côté. Style Louis XVI.

33 — Table à thé en bois violldette marqueté, garnie de bronze. Style Louis XVI.

34 — Meuble d'entredeux forme crédence, à étagère, en acajou garni de cuivre; dessus en marbre. Style Louis XVI.

35 — Bel ameublement de cabinet de travail de style Louis XIV, composé d'un canapé, deux grands fauteuils et quatre chaises en bois sculpté, forme à hauts dossiers, couverts en drap gris clair, orné de broderies et d'applications; plus deux fauteuils confortables entièrement couverts de même étoffe.

36 — Trois décorations de fenêtres composées chacune de deux rideaux et d'un bandeau en drap gris ornés de broderies et d'applications de même style.

37 — Meuble-séchoir pour cigares s'ouvrant à quatre portes, en bois sculpté à jour, noir et à filets rouges, d'aspect architectural, dans le goût oriental.

38 — Table de milieu en bois noir sculpté, pieds à cariatides chimériques reliés par un croisillon à ornements ; dessus gravé au dragon. Style chinois.

39 — Bibliothèque à deux corps en noyer sculpté, avec fronton s'ouvrant à portes pleines dans le bas, offrant, en bas-relief, des médaillons à figures allégoriques de la *Justice* et de la *Tempérance*, d'après Jean Goujon.

40 — Petit chiffonnier de poupée en marqueterie à fleurs. Travail hollandais.

41 — Table rectangulaire en marqueterie de bois. Travail hollandais et ancien.

42 — Bureau en érable, dessus à tiroirs, décor marqueterie à fleurs, garni de bronzes dorés. Style Louis XVI.

43 — Beau meuble en bois sculpté à ogives fleuronnées surmontées d'un dais à voussure, garni de fers découpés. Travail style gothique.

44 — Meuble s'ouvrant à quatre portes en bois sculpté à ogives fleuronnées. Style gothique.

45 — Grande table carrée, style XVIe siècle, en bois sculpté.

46 — Douze chaises à hauts dossiers forme architecturale en bois sculpté, couvertes en peau de sanglier. Style gothique.

47 — Quatre grandes cariatides en anciennes tapisseries de Bruxelles montées sur fond en velours de lin.

48 — Grande portière en ancienne tapisserie : paysage boisé, bordure sur les quatre côtés à ornements simulant un encadrement.

49 — Grand meuble en bois sculpté s'ouvrant à quatre portes, offrant en bas-relief, sur les panneaux, des figures de dieux et de déesses. Style Louis XIII.

50 — Cantonnière en broderie et applications du XVIe siècle.

51 — Ameublement de chambre à coucher en noyer rehaussé d'or, très finement sculpté, style Louis XIV; composé d'un lit de milieu avec sommier

et literie, une armoire à glace biseautée et une table de nuit.

52 — Décoration de lit, deux décorations de fenêtres et un couvre-lit en broché, fond bouton d'or, dessin bleu, garni de franges, de passementeries assorties avec glands et embrasses, doublés de satin bleu turquoise.

53 — Ameublement de chambre à coucher en noyer sculpté, style gothique; composé d'un lit de milieu et sa literie, une armoire à glace biseautée d'aspect architectural et une table de nuit avec dessus en marbre rouge.

54 — Décoration de lit, deux décorations de fenêtres en satin broché et rayé vert d'eau et rose à fleurs, doublées en panne vieux rose avec glands et cordelières assortis. Style ancien.

55 — Table-bureau en marqueterie ornée de bronzes. Style Louis XV.

56-57 — Deux glaces, cadres dorés et laqués.

58 — Coffre à bijoux en nacre.

59-60 — Deux jolies armoires Louis XVI en bois sculpté, s'ouvrant à deux portes garnies de glaces biseautées.

61 — Armoire normande dite bonnetière en bois sculpté, décor vert et or.

62 — Grande table en certosine avec piétement à cariatides et croisillons. Style XVIe siècle.

63 — Coffre à bois en marqueterie de bois, rosaces à ogives. Travail italien. Style XVIe siècle.

64 — Statue de singe en bois sculpté, enchaîné sur un rocher, tenant une coupe porte-cartes. Travail vénitien.

65 — Bahut s'ouvrant à deux portes en bois sculpté, montant à cariatides; dessus en marbre vert. Style Louis XIII.

66 — Deux colonnes monumentales en bois sculpté rehaussé d'or par parties, avec chapiteaux corinthiens.

67-68 — Deux colonnes monumentales en chêne sculpté, enguirlandées de ceps de vigne, surmontées de chapiteaux. Louis XIII.

69 — Cheminée roulante.

70 — Six chaises de l'époque Louis XV, recouvertes en partie d'ancien cuir de Cordoue.

71 — Divan recouvert en ancienne tapisserie verdure et gainé de velours de lin.

72 — Six chaises en vieux noyer et ancienne tapisserie verdure.

73 — Trois fauteuils cannés de l'époque Louis XV.

74 — Canapé en noyer canné de l'époque Louis XV.

75 — Chambre à coucher en acajou ciré, avec filets or, comprenant : une armoire à deux glaces, un grand lit de milieu avec son sommier, une table de nuit à colonnettes avec un marbre royal.

76 — Support de lampe.

77 — Couvre-lit ancien en étamine brodée.

78 — Deux chaises Louis XVI en bois doré et décor majolique.

79 — Quatre portières en broderie ancienne.

80 — Pupitre en marqueterie de bois des îles.

81 — Meuble gothique avec panneaux représentant des scènes de guerriers.

82 — Armoire en noyer sculpté à trois glaces.

83 — Grand fauteuil-bergère, couvert en lampas assorti aux tentures de la chambre Louis XVI, et draperies de velours antique.

84 — Suite de quatre belles tapisseries dites *verdures*.

85 — Trois panneaux décoratifs : Peintures sur reps : paysages et vues de parc, avec fleurs, oiseaux, figures et fruits.

86 — Grand lit de milieu Louis XVI, en acajou et cuivre.

87 — Tentures en lampas de soie, décorations de lit et de deux croisées.

88 — Table-coffret à bijoux, en acajou et cuivre, avec glaces biseautées; intérieur capitonné en satin rouge.

89 — Écran en noyer très finement sculpté et tapisserie au point sur fond de lampas gris.

90 — Quatre petites chaises en bois noir sculpté, recouvertes en tapisserie au point et au petit point.

91 — Petit canapé Louis XVI, en bois gris sculpté, recouvert en soie brochée.

92 — Quatre fauteuils même époque, en bois peint, couverts en velours de Gênes.

93 — Deux chaises semblables couvertes en soie. Louis XVI.

94 — Vitrine en bois doré et sculpté dans le goût italien, en partie ancienne.

95 — Table de style Louis XIV, en marqueterie de cuivre avec bronzes.

96 — Porte-liqueurs sur plateau de glace, avec carafons et verres surmontés d'un sujet de bronze.

97 — Trois tapis d'Orient, dessin polychrome.

98 — Glace avec cadre doré à fronton, de style Louis XVI.

99 — Glace avec cadre doré de même style, à fronton.

100 — Glace genre vénitien, avec cadre de glace gravé.

101 — Glace avec cadre doré à fond de glace gravée.

102 — Table rectangulaire en bois noir, ornée d'incrustations d'ivoire et de lapis-lazuli. Style Renaissance.

103 — Deux torchères en bois noir sculpté, dorées par partie.

104 — Deux colonnes en marbre, montées en bronze doré.

105 — Meuble en laque peint, formant vitrine.

106-107 — Deux grands tapis de Smyrne.

108 — Neuf tapis en moquette, couvrant les salons et salles à manger.

OBJETS D'ART

BRONZES, MARBRES, PORCELAINES

109 — Très beau groupe de cinq enfants en marbre d'aspect monumental. Travail attribué à l'École française du XVIIIe siècle.

110 — Groupe de bustes en marbre : *le Baiser*, d'après Houdon.

111 — Très joli buste en marbre : *Marquise de Pompadour.*

112 — Paire de beaux candélabres à statuettes d'enfants en marbre blanc, portant des bouquets à sept lumières; montures en bronze doré. Style Louis XVI.

113 — Statuette en marbre : *le Printemps.*

114 — Buste de petite faunesse en marbre, socle en bronze doré.

115 — Paire de candélabres à trois lumières formés de perruches en céladon bleu turquoise de Chine, monture en bronze doré. Style Louis XVI.

116 — Deux chenets en bronze Louis XV; enfants, dragons et rocailles.

117 — Statuette équestre en bronze : *le Colleone*, sur socle en bronze doré.

118 — Deux vases en émail cloisonné de Chine, fond bleu et fond rouge, décor polychrome.

119 — Très jolie pendule forme monument en pâte tendre, fond blanc, à cannelures relevées de bleu turquoise et d'or, avec figurines de nymphe

debout tenant le médaillon de Henri IV, et enfant assis ; monture en bronze ciselé et doré au mat ; socle en marbre blanc avec enchainement de couronnes de lauriers. Style Marie-Antoinette.

120 — Paire de jolis petits candélabres à trois lumières, en marbre blanc et bronze doré : enfants debout au pied de colonnettes enguirlandées surmontées de vases à bouquets de lis. Style Marie-Antoinette.

121 — Grande pendule avec socle d'applique en marqueterie de Boulle, garnis de bronze. Époque Louis XV.

122 — Pendule forme vase en porphyre de Suède, mouvement à cadran tournant ; monture en bronze doré. Style Louis XVI.

123 — Deux jolies jardinières en bronze ciselé et doré ornées de têtes de béliers et de guirlandes de laurier, sur socles en marbre bleu turquin. Style Louis XVI.

124 — Jardinière surbaissée en bronze niellé du Japon avec bas-reliefs dorés.

125 — Groupe en bronze : Lionne dévorant un cerf; signé : Barye.

126 — Statuette en bronze patine claire : *Vénus au dauphin*, sur socle en bronze doré.

127 — Pendule formée par une nymphe couchée, d'après Clodion ; monture en bronze doré, socle en marbre blanc. Style Louis XVI.

128 — Deux groupes en bronze : Nymphes et Satyres, d'après Clodion ; montures en bronze doré. Style Louis XVI.

129 — Deux très beaux candélabres formés d'éléphants caparaçonnés, en porcelaine de Chine, surmontés de figurines de Chinois inspirés de Leprince, avec monture à cinq lumières. Style rocaille en bronze doré.

130 — Groupe des trois enfants vendangeurs, bronze à patine noire, sur socle à tore de lauriers en bronze doré. Style Louis XVI.

131 — Paire de petits candélabres : statuettes de nymphes en bronze à patine noire, avec bouquets d'œillets en bronze doré. Style Louis XVI.

132 — Paire de vases en céladon flambé, fond bleu, avec montures en bronze doré, couvercles ajourés. Style Louis XIV.

133 — Lampe en céladon craquelé, monture rocaille en bronze doré.

134 — Paire de candélabres : figures de nymphes debout portant des bouquets de roses, en bronze doré à quatre lumières; socles en porphyre oriental sur contre-socle en marbre bleu turquin. Style Louis XVI.

135 — Plat en vieux Japon, décor polychrome.

136 — Deux plats en vieux Japon, décor bleu sur blanc.

137 — Deux grands plats en vieux Japon, décor paysages et fleurs.

138 — Grand et beau plat en vieux Chine, famille rose, décor à figures.

139 — Grand plat de Nymphemburg, riche décor : fleurs et papillons.

140 — Grande vasque en vieux Japon, décor polychrome.

141 — Deux grandes et belles bouteilles en blanc de Chine, décor en haut-relief: objets d'ameublement; monture en bronze doré à rocailles.

142 — Deux porte-bouquets formés de poissons en porcelaine de Chine, décor polychrome; monture en bronze à rocailles. Style Louis XV.

143 — Jardinière en porcelaine de Chine bleu truité; monture à rocailles en bronze doré.

144 — Paire de très beaux candélabres en granit vert d'Orient, richement montés en bronze ciselé et doré, avec frises à bas-relief: jeux d'amours, anses à figures de faunesses se retenant par des couronnes de fleurs et posant sur des têtes de satyres, avec bouquets à rinceaux feuillagés, supportés par des cariatides d'aigle et à huit lumières. Style Louis XVI.

145 — Belle pendule forme lyre, en bronze ciselé et doré, avec guirlandes de fleurs retenues par des rinceaux, couronnée par une tête de femme ensoleillée; cadran émaillé avec balancier formant entourage en strass; socle en marbre

blanc; garnie de draperies et guirlandes de bronze doré. Style Louis XVI.

146 — Deux très grands lampadaires à cinq branches en bronze doré, élevés sur socles en marbre.

147 — Paire de belles lampes formées de vases ovoïdes en porcelaine de Sèvres, décor jeux d'amours et guirlandes de fleurs à rehauts d'or; monture en bronze. Style Louis XVI.

148 — Jolie statue en marbre : *Marguerite*, de *Faust*, de Ch. Nicoli; sur socle en peluche rouge.

149 — Grande statue en marbre blanc : l'Océanie, représentée sous des traits d'une femme debout, signée U. Bonani, 1881, posant sur socle en bois sculpté noir et doré, orné de feuilles d'acanthe.

150 — Paire de beaux vases en marbre rouge, montés en bronze doré, frises à arabesques, anses à têtes de satyres. Style Louis XVI.

151 — Deux vases de dimensions exceptionnelles en faïence de Satzuma, décor à nombreux personnages avec anses à chauves-souris, et chimères

couronnant les couvercles, riche décor rehaussé d'or. — Haut., 1 m. 70 cent.

152 — Paire de belles lampes en émail cloisonné de Chine, fond bleu turquoise, dessins fleurs et oiseaux; monture en bronze repercé et ciselé, dorées au mat dans le goût chinois.

153 — Grande suspension à cinq lampes et seize bougies, en bronze doré et nickelé.

154 — Lustre à trente-six lumières en bronze garni de cristaux.

155 — Grande garniture de cheminée : pendule et deux candélabres en marbre rouge d'Orient, veiné blanc avec bas-reliefs et ornements en bronze doré.

156 — Jolie garniture de cheminée, style Louis XVI, composée d'une pendule forme monument en marbre brèche fleuri d'Égypte, avec ornements, figures de faunes au cor de chasse et bacchantes en bronze doré, et deux candélabres forme vases en marbre brèche fleuri d'Égypte ; monture et bouquets de fleurs en bronze doré.

157 — Paire de girandoles à sept lumières en bronze argenté. Style rocaille.

158 — Grande coupe en porcelaine du Japon, décor oiseaux et paysages en bleu rouge et or, avec riche monture à rocailles en bronze doré.

159 — Suspension en bronze vert avec sa lampe et quatre bougies.

160 — Lustre en fer forgé à huit lumières.

161 — Statue en marbre : *la Petite Chanteuse*, de Weeck.

162 — Statuette en bronze : *le Joueur de flûte*, de Barbedienne, sur socle de marbre rouge griotte.

163 — Groupe en bronze : *Hamadryade et enfants*, de Barbedienne, sur socle en marbre rouge griotte.

164 — Belle garniture de cheminée style Louis XIV, en bronze doré, composée d'une pendule à double cariatide de femme supportant le mouvement, et deux candélabres garnis de cristaux à sept lumières.

165 — Paire de belles lampes en bronze patine frotté d'or, ornées de bas-reliefs, peaux de lions, de Gagneau.

166 — Porte-bouquet en vieux Chine, décor à fleurs et entrelacs; monture en bronze doré. Style Louis XVI.

167 — Coupe en marbre rouge, avec ornements en bronze poli.

168 — Service en vieux Saxe, décors à fleurs en camaïeu rouge, composé de six tasses avec soucoupes, une théière, une cafetière, un sucrier, une boîte à thé et un bol, un pot à crème.

169 — Paire de candélabres à sept lumières, avec figurines en porcelaine de Saxe.

170 — Pendule forme cartel, à rocaille, en porcelaine de Saxe.

171 — Déjeuner en porcelaine de Sèvres, composé d'un plateau, six tasses, une théière, un pot à crème, un sucrier, un grand plateau, décor bleu et or avec guirlande de fleurs.

172 — Service à dessert en porcelaine blanche, à bordure verte et filets or.

173 — Service de table en porcelaine blanche et or.

174 — Service de verrerie de Baccarat, avec surtouts et coupes.

175 — Paire de grands vases en faïence italienne, décor raphaélesque, avec anses à cariatides de femmes ailées.

176 — Coupe en faïence de Wapegs, décor à médaillons de fleurs et arabesques à rehauts d'or, montée en bronze doré. Style Louis XVI.

177 — Jardinière en porcelaine, décor bleu lapis-lazuli, avec médaillon : *Intérieur d'étable*, signé : Boigne.

178 — Paire de vases, forme et décor hispano-mauresques, en porcelaine de Sèvres, décor gros bleu, à rehauts d'or, sur supports ; balustrade en bronze doré.

179 — Deux statuettes en biscuit : *le Rhône* et *la Saône*, d'après Coustou.

180 à 194 — Groupes et figurines en porcelaine de Saxe et d'Allemagne.

195 — Deux flambeaux en bronze damasquiné très finement ciselé.

196 — Boite à bijoux forme toilette-duchesse, entièrement gainée d'étoffe ancienne.

197 — Vase en porcelaine de Chine, décor de feuillage et de fleurs sur fond jaune impérial.

198 — Grande coupe genre Saxe, avec groupes d'amours.

199 — Garniture de foyer en fer forgé, composée de deux chenets, devant de feu, pelle et pincettes.

200 — Deux flambeaux en fer ciselé.

201 — Croisée à deux vantaux ornés de vitraux anciens.

202 — Deux grandes appliques en bronze doré. Style Louis XV.

203 — Lustre en bronze doré. Style Louis XV.

204 — Coffre-fort de Haffner.

205 — Grand vase en porcelaine, décor bleu sur blanc.

MINIATURES

206 — Miniature ronde sur ivoire, représentant une Jeune Femme en robe blanche, accoudée sur un piano. Style Louis XVI.

207 — Grande et belle miniature rectangulaire sur ivoire : Portrait de la Guimart, en robe de soie blanche, pinçant de la guitare.

208 — Miniature ovale sur ivoire, représentant une Dame de qualité du temps de Louis XV, habillée d'une robe verte rayée de rouge, faisant du pastel.

209 — Petite miniature ronde : Portrait de la duchesse de Mauzières.

210 — Miniature ronde sur ivoire : Jeune Femme du temps de la Révolution, coiffée d'un chapeau blanc enrubanné.

211 — Petite miniature ovale : Portrait de la Pompadour.

212 — Miniature ronde sur ivoire : très beau portrait de Robespierre.

213 — Jolie petite miniature, représentant Madame Victoire.

214 — Jolie miniature ronde dans un écrin, représentant Mme H. de Bourbon-Conti.

215 — Belle miniature rectangulaire sur ivoire, représentant une Aimable Fileuse du temps de Louis XV; robe de soie blanche, coiffure à panache.

216 — Miniature ronde sur ivoire, représentant une Jeune Femme du temps de la Révolution, accoudée à sa fenêtre.

TABLEAUX

OUDRY

(Attribué à)

217 — *Canards, faisans et oiseaux, dans un parc.*

Panneau décoratif, encadrement en bois sculpté et doré.

ECOLE FRANÇAISE

218 — *Enfants jouant avec des guirlandes de fleurs de chaque côté d'un brûle-parfums.*

Deux dessus de portes.

ECOLE FRANÇAISE

219 — *L'Été* et *l'Hiver.*

Deux dessus de portes.

MIGNARD

(Attribué à)

220 — *Portrait de Dame de la cour.*

En costume garni de dentelle, tenant une montre à la main.
Cadre en bois sculpté et doré.

MAAS

(Attribué à)

221 — *Jeune Prince chasseur, avec son chien.*

COYPEL

(Attribué à)

222 — *Vénus versant à pleine coupe à Bacchus.*

BIJOUX

223 — Bracelet torsade en or, enrichi de deux grands chatons, brillants solitaires formant boutons d'oreilles montés sur argent, se détachant à volonté du bracelet.

224 — Paire de boucles d'oreilles forme fer à cheval en brillants.

225 — Paire de boutons d'oreilles formés de brillants solitaires, montés à griffes.

226 — Broche paon en saphirs, diamants, émeraudes, rubis et roses. L'oiseau est monté sur une grosse perle.

227 — Bracelet feuille grecque en diamants et roses.

228 — Bracelet orné d'une plaque ronde en brillants et roses.

229 — Pendentif de cou formant broche, avec belles émeraudes et brillants.

230 — Parure en émail grisaille sur fond rose, composée d'un pendentif et de deux boucles d'oreilles, avec perles.

231 — Collier en brillants et roses, formé de feuilles de chêne reliées entre elles par des torsades.

232 — Collier en or, avec un rang de perles et feuillages de roses.

233 — Bracelet gourmette tout en roses.

234 — Broche de corsage formée d'une marguerite en brillants et roses.

235 — Collier enrichi de roses et de quarante-six perles fines.

236 — Bracelet en or émaillé enrichi de dix rubis et de perles fines.

237 — Bracelet en or enrichi d'un rubis entouré de onze brillants, corps enrichi de six brillants.

238 — Bracelet en or enrichi d'une turquoise fine entourée de dix brillants avec corps enrichi de brillants.

239 — Bracelet en or forme trèfle enrichi de perles fines et de roses.

240 — Paire de boutons d'oreilles enrichis de deux turquoises fines entourées de vingt-deux brillants.

241 — Bague en or enrichie d'une perle fine et de deux brillants.

242 — Paire de boutons pavés en brillants anciens.

243 — Bague en or enrichie d'un brillant et deux rubis.

244 — Bague en or enrichie d'un rubis cabochon entouré de dix brillants.

245 — Bague en or enrichie d'un brillant de fantaisie et de six brillants blancs.

246 — Paire de boutons formés de deux rubis entourés de brillants.

ORFÈVRERIE

247 — Grand plateau ovale gravé et argenté de Froment-Meurice.

248 — Tête-à-tête argenté et gravé dans le goût japonais, intérieur doré, composé de six pièces.

249 — Service à thé et à café argenté, modèle à côtes tournantes, style Louis XV; composé d'un plateau, théière, cafetière, sucrier et pot à crème.

250 — Grand plateau argenté et gravé à deux anses.

251 — Deux petits plateaux argentés. Style Louis XV.

252 — Deux plats ronds argentés.

253 — Deux plats ovales argentés.

254 — Trois assiettes argentées.

255 — Deux réchauds ronds ovales argentés.

256 — Coupe à pain, décor feuilles de choux.

257 à 262 — Six salières, un moulin à poivre, huilier, porte-cure-dents, écuelle, saucière, etc.

263 — Deux raviers en cristal gravé ; monture argentée.

264 — Objets non catalogués.

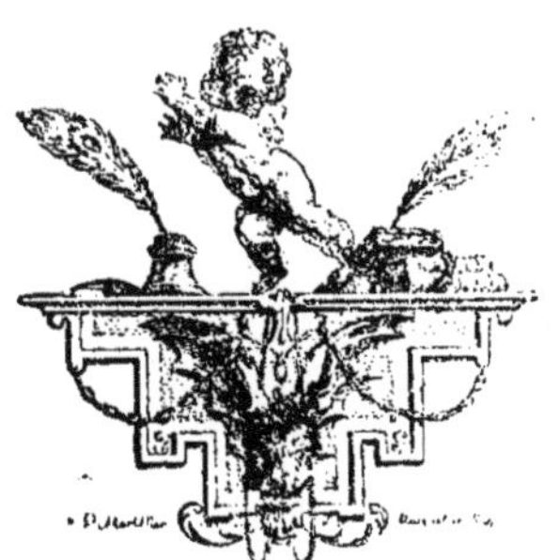

www.ingramcontent.com/pod-product-compliance
Ingram Content Group UK Ltd.
Pitfield, Milton Keynes, MK11 3LW, UK
UKHW020509180726
13839UKWH00004B/1996

9 782329 537191